LOS GERANIOS DESCOSÍOS

Un jurado compuesto por

Aurora Luque, Julio Martínez Mesanza,
Enrique García-Máiquez, Eloy Sánchez Rosillo,
Amalia Bautista y *Carmelo Guillén Acosta*

concedió a este libro
un ACCÉSIT del PREMIO ADONÁIS 2025

ROCÍO ANGULO DORADO

LOS GERANIOS
DESCOSÍOS

ADONÁIS

702

EDICIONES RIALP
Madrid

© 2026 *by* Rocío Angulo Dorado
© 2026 de la presente edición,
by Ediciones Rialp, S.A. - Manuel Uribe 13-15 - 28033 Madrid
ISBN (edición impresa): 978-84-321-7341-7
ISBN (edición digital): 978-84-321-7342-4
ISBN (edición bajo demanda): 978-84-321-7343-1
ISNI: 0000 0001 0725 313X
Preimpresión: www.produccioneditorial.com
Depósito Legal: M-1153-2026
Printed in Spain - Impreso en España

Estugraf S. L. – Ciempozuelos (Madrid)

A mi abuela Julia, porque sé que allá donde esté sigue cuidando de los geranios de esta tierra.

Cómo será de hermosa la muerte
Que nadie ha vuelto de allá.

SILVANA ESTRADA

Si quieres que me muera,
pídele a Dios que me muera,
que la muerte deseada
parece que nunca llega.

VOZ POPULAR

He dado a luz a las madres que me pueblan.

LEIRE BILBAO

I

Se morirán aquellos que me amaron

Juan Ramón Jiménez

LAS perras todavía huelen la presencia,
el gorrión no encuentra un hilo enhebrado
para tejer, de nuevo, el nido.
Ahora este territorio es de los gusanos,
el polvo empieza a expandirse
como una mortaja blanquecina
y el recuerdo vive un exilio involuntario.
El jardín ha decidido emigrar a otros ojos,
el geranio se ha ahogado en la piel del naranjo,
el calor ha perdido una batalla invisible.
Todo sufre una metamorfosis severa.
Se morirán aquellos a quienes amamos,
pero la noche seguirá su rumbo.

II

ABUELA, tú fabricaste con tus manos
de algodón un refugio inabarcable,
tú nos alimentaste con la leche
del limonero y el pan que crece de la tierra.
Abuela, tú inventaste el camino para
llegar a tus brazos, tú bordaste el pañuelo
de terciopelo blanco que limpiará la sangre
de este árbol.
Abuela, tú cuidaste a estas perras
desgarradas del vientre materno y nos diste
un motivo para creer en tu Dios justo.
Abuela, tú callaste en las últimas horas
y nos dejaste hablar de un nuevo día.
Abuela, tú cantabas para no morir
y los pájaros se fueron buscándote,
allá, allá lejos.

III

Duelo:
Del lat. tardío dolus "dolor".
2. m. Demostraciones que se hacen para manifestar el
sentimiento
que se tiene por la muerte de alguien.

TRAJE de luto lágrimas ausencia negación recuerdos
ojos rojos llorar *exitus* entierro negación cadáver
sepulcro aflicción ataúd corona de flores *rigor mortis*
negación silencio ausencia polvo estertor pena
in nomine Patris despedida negación desgarro
lucha destino duelo.
Nombrar es dar sentido

IV

¡Bendita tú entre las mujeres,
y bendito el fruto de tu vientre!

Lc 1: 42

LLORA, mi niña, llora,
que mamá se ha ido,
llora, mi niña, llora,
que te has quedado
solita en el mundo.

14

V

(*Lo terrible es el borde*, Piedad Bonnett)

LO terrible es el borde que queda entre la vida y la
    muerte,
en la acera asfixiada por las voces de las flores mustias
yo vi cómo el cuerpo dejaba de ser cuerpo.
Un hombre echó yeso sobre aquel hueco:
no podrá escucharnos
no podrá
no.
Con un pésame de oficina se marchó.
Pero yo vi cómo el cuerpo dejó de ser cuerpo,
transmutó a un nombre:
unos alzan la mirada para encontrar las fechas,
para constatar que han sobrevivido al día,
acaricio la tierra y el pájaro negro,
me arranco el traje de silencios,
espanto al vacío,
aquí todavía puedo respirar.
Lo terrible es el borde

VI

Detente, instante, eres tan bello

CRISTINA PERI ROSSI

QUÉ hermosura hay en la piel helada,
qué expresión en el rostro,
colgado para siempre de la pared de este museo.
Han traído tres ramilletes, ¿o eran coronas?
No desprendían ningún olor,
separados de lo vivo, mientras gimen los geranios
olvidados
      —quieren acompañarle en este tránsito—.
Desde el sillón se veían los restos,
despojos que quedarán de esa caja
cuando los gusanos bailen la danza de la muerte.
Ay, pero qué instante tan bello este que se muestra
ante los ojos, el del momento antes de decir adiós
a quien ya no pronunciará nunca más tu nombre.

VII

TE dije: «el primer cadáver que veré
será el de mi abuela».
Y callaste.

VIII

Tengo una deuda con mi madre

JOSEFINA ALDECOA

NO me traigas a este mundo, madre,
que los muertos no vuelven,
que las sábanas se mojan con el llanto.
no me traigas a este mundo, madre,
porque no me verás morir,
porque algún día seré una huérfana más
bajo la mirada de algún dios mezquino.
no me traigas a este mundo, madre,
porque tendré una deuda contigo,
que no sabré cumplir.

IX

PODRÍA enseñarte aquellos versos de Idea Vilariño,
por si tú me los pudieras explicar,
aquellos que dicen
   Todo es muy simple mucho
Tal vez con tu lengua mortuoria
comprendería qué hay más allá y todo sería
muy simple, mucho.
No hay nada más desagradable que no conocer,
hay ocasiones en que no entiendo,
si te has ido, ¿ya no podemos hablar?
Todo es demasiado…
Borrad este poema, no me sirve,
aunque todo sea muy simple.

X

Tomad, comed;
esto es mi cuerpo

Mt 26: 26

HAY larvas en las cuencas de los ojos,
están devorando los pechos, el vientre materno.

Debajo de la piel nacen gusanos
y de la boca gotea el hilo incesante
de hormigas negras.

no toques la comida con las manos sucias

Si se iba a convertir en materia putrefacta
para qué el empeño en conservar la belleza,
para qué vestir la muerte con volantes y encajes.

El banquete de las moscas ha comenzado,
una danza dionisíaca sobre el cadáver.

La carne es blanda y desprende el olor
de la fauna adormecida.

Tomad y comed todos de él,
esto fue su cuerpo.

XI

mientras seguimos juntos
hasta morir en paz, los dos,
como dicen que mueren los que han amado mucho

JAIME GIL DE BIEDMA

CÓMO resplandece la lumbre en esta calle muerta,
qué luz asoma por el minúsculo oval,
cuántos silencios se entrecruzan para llegar
a decir algo.
supón que tú y yo, mañana, o en un futuro,
nos miramos a los ojos y descubrimos
que ya no nos conocemos,
aunque estas manos hayan sufrido el paso
descontrolado del tiempo;
y, sin embargo, aquí seguimos, sentadas
frente a frente, intercambiando las piezas
del dominó, como si los números pudieran
contar todas las palabras que se perdieron
en el camino.
qué torpeza no haber escrito con carboncillo

tu nombre, la dirección de tu casa, algún verso
que susurre «recordar es vivir»,
pero estamos condenadas a compartir
este techo, donde esta naranja ígnea
nos calienta los pies, y en la mesa se esparcen
cada una de las piezas de tu historia,
como si por arte de magia o una casualidad del destino
se fueran a unir todas, entonces descubriríamos
que no hacía falta decir nada, solo contemplar
que estábamos condenadas a encontrarnos,
a pesar de que tú y yo
ya no nos reconoceremos más
en el mismo espejo.

XII

Pero yo ya no soy yo,
ni mi casa es ya mi casa

FEDERICO GARCÍA LORCA

ESTÁS enfrente.
Un ruido de sierra nos separa. La oscuridad
acontece en este hueco lleno de abrojos.
Estás enfrente, pero estoy dejando de verte.
Son cuatro paredes blancas desesperadas
coronando lo alto del camino.
Una valla verde y un buzón donde las
    palabras lloran olvidadas
y ese techo suicida agrietando el vientre el centro de
    toda creación.
Estás enfrente, pero estoy dejando de verte.
El silencio impertérrito ha venido a dormirse en la boca,
no puede gritar el nombre de esta tierra infértil
porque se ha quedado sin voz.
Si las lágrimas deben huir, ¿por qué no lo hacen ahora?
Estás enfrente y quisiera verte.
Pero yo ya no soy yo,
ni mi casa es ya mi casa

XIII

MAMÁ tiene los ojos cansados,
ha decidido emprender un viaje
a través de las palabras por si alguna
le permite entender su propio lenguaje.
Mamá tiene una vela encendida todas las noches
y bucea en la cotidianidad para no ahogarse.
Mamá todavía habla en presente,
y habla también en silencio en la iglesia
y delante de la lápida de mármol.
Mamá se ha quedado sin mamá,
mamá no quería convertirse solo en mamá.

ahora es una niña huérfana

XIV

QUÉ ridículo cómo aceptamos
desaparecer sin dejar rastro…
El cura pronunció: «Podéis ir en paz»,
pero del cielo cayeron todas las incógnitas
del mundo.

XV

IMAGINO que esta noche
vienes aquí, a mi lado,
y con tus manos de algodón
acaricias esta herida que se ha formado
debajo del ojo / pecho derecho.
La secreción y la sangre manan de la fina
brecha, y tú susurras la nana del naranjo.
bajo el sol del verano
las naranjas se caen
y el juguito del zumo
a mi niña alimenta.
Imagino que estás ahí,
y nada más.
      Estar es necesario.
Los dolores del cuerpo son suicidios
imborrables de la piel, pero tú tienes
el poder generoso de lamer la costra,
exprimir el ácido sobre la úlcera
y obligarme a llorar la pena amarga.
Imagino que esta noche vienes aquí,
a mi lado, y con el delantal acunas
las aguas del rostro, con la sabiduría
de las flores amansas esta incertidumbre.

Imagino que esta noche es la primera noche,
y que tú vienes aquí, a mí lado,

pero es que estoy tan sola
que la herida sigue brotando sin fin.

XVI

HAY que dejar florecer el dolor,
que las cuencas de los ojos se sequen,
para que los gusanos críen sus huevos,
para que las polillas se coman la arena de los labios
y la Palabra no se pueda pronunciar,
desencajada, amarilla, al otro lado de
la verdad.
no se debe temer a la muerte si todos ya somos
carne putrefacta para el perro,
una caja de cartón mohoso para el gato,
el polvo que dejamos en la almohada al trasluz.
tendrías la edad eterna de la inocencia
si en tus manos no hubiera explotado la casa vacía,
el peso de la ausencia, el fruto amargo que ofrece el
    sexo infértil,
pero hay que dejar florecer el dolor
solo así entenderemos la injusticia...

XVII

EL último viaje podría haber sido comprar un geranio
para sembrarlo en tu tierra húmeda.

Quizás habría sido mejor seguir engañándonos
acerca de la ferocidad de nuestros cuerpos,
de la astucia de los ojos, de la insistencia
de lo que ibas a dejar de ser.

Debería haber recogido el sonido de tu lenguaje
antes del viernes 26 de abril.

El último viaje podría haber sido el retorno del héroe
   a casa.

Pero el sol salió aquella mañana
y nadie supo decir por qué todo tendría que terminar así.

XVIII

Abrí la puerta
y todo con el mármol
se quedó para siempre

JULIA UCEDA

LAS niñas no han vuelto, tampoco lo han hecho
las cotorras de aquel árbol de enfrente. Aquí
antes me habitaba un cuerpo.
Las púas de nácar de sus manos acariciaban
la piel de serrín, el capullo embravecido
que nacía entre las grietas.
El sol sigue siendo el mismo, pero el color
se ha suicidado dejando los objetos huérfanos.
Me ahoga el recuerdo yermo, el silencio
fragmentado colándose por debajo de esta puerta.
Las niñas no han vuelto.

XIX

NOMBRARTE es enfrentar el vacío
que se ha instalado para siempre
en cada pétalo del geranio.

XX

Oh Dios. Estoy hablando solo.
Arañando sombras para verte

BLAS DE OTERO

PADRE nuestro, ¿dónde estás?
Santificado sea el mármol sobre el que grabaron
    su nombre.
Venga a nosotros el recuerdo punzante,
espina clavada en la sangre de mi sangre.
Hágase la voluntad y las flores se conviertan
en el lecho mullido,
danos un solo motivo para creer en la
    resurrección de los cuerpos.
No nos dejes caer en el olvido al que estamos
    condenadas.
Soy una intrusa en el paraíso que viene hoy a
    pedirte perdón.
Oh Dios, me he dado cuenta
de que estoy hablando sola frente al espejo,
arañando sueños para verme.

Padre nuestro, en ti creen.
Padre nuestro, cuídala,
amén.

XXI

ESPERA la palabra exacta que recoja todo el
    peso de la herencia,
hasta entonces el poema será solo
un niño sin madre.

XXII

NECESITAMOS algo en lo que creer,
a sabiendas de que alguien se lo inventó,
pero es que necesitamos algo en lo que creer:
detrás del cielo puede haber algún dios
para arropar el deseo,
debajo de las piedras quizás se esconda
el Destino escrito con cenizas,
y en medio del páramo
el duelo despedazado por las aves carroñeras
implore tal vez un perdón imperceptible.
Necesitamos algo en lo que creer,
a sabiendas de que alguien se lo inventó,
pero es que necesitamos algo en lo que creer
para no morir de pena en esta noche
infinita…

XXIII

AL lado de la muerte
florecen los geranios,
maúllan con el tallo dilatado por el llanto.
algo se ha apagado bajo este techo,

—mamá decía que el romero se queda pegado
    en los pies,
del ataúd crecerán entonces ramas—

después del desprendimiento de romper de
    vaciar dejar hueco el sillón,
queda mirar por aquella ventana, aferrarse al hierro,
rezar a la materia que ha construido el Dios de
    los justos.
el traje marino desprende el olor de la ausencia,
los geranios descosíos se han marchitado en el
    centro del recuerdo,
los geranios también lloran.

XXIV

Mamá, ¿qué no me oyes?
Nadie me oye en este pozo,
no me oyes porque no llamo a nadie
ni oigo a nadie

ELENA GARRO

ESCRIBISTE: «yo solo soy memoria y la
memoria que de mí se tenga». No recuerdo cómo
acabé aquí. Yo respiraba el aire anhelante
de savia bruta…
Quien sea la dueña de este cuerpo
que venga a buscarlo, porque no es el mío.
Mamá, creí en la Resurrección y la Vida Eterna
pero me hallo sola en este pozo.
llora, mi niña, llora,
que te has quedado
solita en el mundo.
Mamá, yo acepté la muerte para
encontrarte de nuevo,
pero llevo toda la vida hablando sola.

XXV

YO iba *encalagüela*
todas las tardes de verano, cuando el sol
en lo alto quemaba el asfalto y las cigarras
dejaban de cantar, dando paso a esa nada que queda
para las niñas entre las tres y las seis de la tarde,
la hora en la que las madres, abrumadas por la
calor del aceite, del caldo de puchero el Día del Señor,
se echaban la siesta y nosotras, las niñas,
buscábamos un refugio donde matar el tiempo.
Yo iba *encalagüela* buscando el suelo frío
de las casas construidas en la posguerra,
y anhelaba esquivar las advertencias
torpes de mi madre para que la dejara
echarse su siesta en aquellas tardes estivales;
sin embargo, yo era una niña ansiosa
de experiencias, y corría por los pasillos
anchos de porcelana y bronce que mi abuela
custodiaba como se protege lo que nos ata
al recuerdo. Yo iba *encalagüela* para
que encendiera la manguera y el agua helada
del pozo limpiara la inocencia de mi cuerpo,
un cuerpo sudoroso bajo el calor del agosto

sevillano. Después la caja de helados de limón,
fresa y naranja que mi tía le traía cada sábado
del supermercado y ella devoraba como
un manjar, manjar que nos ofrecía porque compartir
el alimento es compartir la sangre.
Yo iba *encalagüela* todas las tardes de verano,
fabricando, sin saberlo, una infancia de frutos rojos
que se fueron pudriendo con los años
y me arrebataron la quietud de la inocencia.

XXVI

HAS escondido la sábana,
sobre ella expiró el cuerpo de Cristo,
como lo hizo también el mío.
Has donado la ropa, los vestidos de flores,
el delantal marino, los zapatos desgarrados,
como si los muertos no nos muriéramos de frío.
Has ventilado la casa, para que el olor a la ausencia
se marche, y unos nuevos ojos la habiten, ajenos.
Has dejado de nombrarme, de escribir sobre la nada
esta lucha innombrable.

¿Qué soy ya, un triste, vano
recuerdo?

XXVII

FUE el último beso que te di
aquella mañana del 28 de abril.
Era domingo, el sol quemaba el asfalto,
traspasaba el luto que vino a habitar
nuestras pieles.

Nunca me sentí tan viva como el día de tu muerte.
Descubrí entonces la cotidianidad de las cosas
y la falta de aire.

Mamá lloraba, huérfana.
Alguien mandó callar para escuchar
la misa.

Yo intentaba averiguar a dónde te irías
ahora que la puerta de tu casa se había cerrado
como se cierran los pétalos por la noche.

Arrastraron tu cuerpo manos desconocidas,
alguien dijo «lo siento» y se marchó,
nos dejaron allí, contemplando el hueco
en el que ahora estabas tú.

Podría haber gritado. Volví a casa con el sabor
de las eternas despedidas.

Mañana tu mejilla estará seca y mis labios
buscarán otra persona a quien besar.

Así de inútil es la vida.

XXVIII

ESCRIBIR en el borde
para tejer un hilo
entre la muerte y el amor.

XXIX

MAMÁ, debajo de este colchón
han crecido amapolas,
y hay una mijita de tierra caliente
bajo la almohada.
        Mamá, dentro del armario hay nombres colgados
que desconozco, pero me llaman
con la fuerza de la herencia.
Mamá, alguien ha dejado escapar las palabras
que guardamos anoche en ese jarrón,
ahora aletean por el techo buscando una grieta
para huir de aquí.
Mamá, han llamado a la puerta y he abierto
sin tu permiso, decían que era urgente
conocer mi nombre.
Mamá, las sábanas se han manchado
de la sangre lunar y mis manos
han escrito en el fruto el nombre de la abuela.
Mamá, debajo de este colchón
han crecido amapolas,
y los pétalos acarician las mejillas de mi hija.
Mamá, hay una mijita de tierra caliente
bajo la almohada: me la he comido
para seguir sembrando los nombres.

XXX

SIGUES debajo del limonero,
el azahar vuela sobre tu espeso cabello,
blanco, estéril, amargo.
Sigues debajo porque la primavera
ha vuelto a este patio,
porque los capullos se están abriendo
y las abejas zumban al son de la nana del naranjo.

Abuela, sigues debajo, ahí sentada,
acurrucando a las gitanillas,
cantando a los jacintos que han crecido tanto
que casi abrazan las nubes.

El aire trae el olor de la miel,
el dulzor de las frutas que habrán de nacer
en este espacio habitado por tu cuerpo.

Sigues aquí, abuela, en las manos que acarician
los pétalos, las hojas verdes —qué te quiero, verde—,
aquí,
debajo del limonero,
donde la vida empieza a brotar de nuevo.

XXXI

LLAMO, espero.
el número al que llama ya no existe
Cuelgan.
Llamo
   Espero
el número al que llama ya no existe
Cuelgan.
Llamo, llamo, llamo.
el número al que llama ya no existe
Cuelgan.

Casi mejor el silencio
porque

temo que algún día una voz desconocida
responda al otro lado
y me dé cuenta de que ya no estás.

XXXII

Ahora me doy cuenta de que regresar es irse

María Luisa Elío

LA sombra volvió a la casa, había olvidado
el canasto de geranios, las manzanas verdes
y los cuadros congelados en el umbral.

En su deambular fijó la mirada en los jarrones,
el broche de plata, el sillón verde,
el aliento que expulsaban las paredes.

Con la mirada abarcó todo.

La sombra quiso salir de la casa,
y no pudo.

XXXIII

y que resucitó al tercer día

1 Corintios 15: 4

MI abuela, que siempre fue creyente,
no resucitó al tercer día.
En cambio, la casa se vino abajo,
las flores se arrancaron las raíces,
los pájaros abandonaron sus nidos,
y la muerte, insondable, exprimió
los limones para que nadie se los llevara.

XXXIV

VIENEN sin cesar a dar el pésame:
Lo siento, lo siento, lo siento.
Somos huérfanas errando
por los campos de trigo.
Tú no compraste las flores,
eran muy caras, decías.
Vosotras, caminad hacia el féretro
y pedidle perdón.
Mamá, ¿ya no está?
Ella se ha levantado de entre los muertos.
Pero yo quiero permanecer en este letargo
hasta que entienda.

XXXV

VAMOS a aceptarlo: ella no va a volver
y este poema quedará para siempre incompleto.

XXXVI

MAMÁ decía que no se habla con desconocidos,
pero ella le susurra todas las noches a un Dios
que nunca ha visto.

XXXVII

TENDRÉIS que decidir si dormirla para siempre.
¿Qué hay en ese espacio que separa
la vida y la muerte? Las hormigas caminan en
    dirección contraria,
los gusanos se preparan para cavar en la piel.
Dios ha escrito un antes y un después sobre la mesa.
Ha empezado a respirar con dificultad.
Alguien ha bajado a comprar el pan. La última cena,
puede oírnos, hablemos. Entran y salen. Ya no
    quedan frutas.
Los pies se están enfriando.
No se levantará y caminará entre estas aguas.
Se han secado los geranios.
Se va, se va, se va. ¿Pero quién se va? Todavía está
    el cuerpo.
Las niñas tienen el rostro desencajado. No entienden,
 pero aparentan entender. Comed,
 compartid el trigo. ¿Y si se despierta?
Es cuestión de horas. La medalla, buscadla.
 Entre sus manos, sí. La última voluntad.
¿A dónde se han ido los gorriones?
La sangre se ha coagulado en el techo.

Están llamando a la puerta. No abrid, no abrid.
Mamá, ¿ahora hay que llorar?
Hora de la muerte: tres de la madrugada.

XXXVIII

CUIDABA de las flores,
las protegía como se arrulla a un bebé recién nacido,
les cantaba la nana del naranjo ante la crudeza del
    invierno,
esperaba, paciente, el anuncio de la primavera
con la llegada de los pájaros.
Cuidaba de las flores,
les daba nombres, porque nombrar es una forma de
    no olvidar,
las amaba como se puede amar a la tierra que nos parió,
se transformaba en ellas, su piel era pétalo de
    gitanilla amarilla,
ojos de margaritas blancas,
manos como raíces aferradas al tiempo.
Cuidaba de las flores,
enseñaba el arte de admirar la belleza,
cultivaba sin distinción cada trozo del jardín,
las regalaba a sus hijas, a sus nietas,
aprendían a cuidar las flores para que el día de mañana
todas llevaran su nombre.

XXXIX

¿SABES qué hacer con este hueco clavado en las
    manos?
Te ruego que me enseñes cómo sembrar esta tierra
    húmeda
que se ha tragado el llanto, el grito.
Puedes intentar dar un nombre al vacío
y a la telaraña cosida con los años
que yace sobre el sillón verde como el tallo
         hundido en la nostalgia.
Si tuvieras el remedio para drenar la sangre
que cae de esta ausencia, ¿me darías tan solo un tarrito
adornado con flores secas?
Yo no sé qué hacer con el frío en los pies bajo el sol
    de mayo,
yo no sé qué hacer ahora que los gorriones
no vuelven a pedir pan ni trigo ni agua,
yo no sé qué hacer con el limonero y el naranjo
 y las verduras que se pudren porque ya nadie visita
    este techo,
ni con tantos recuerdos cosíos en los geranios
ni con esas miradas bajo el polvo congeladas
    olvidadas asustadas,
ni con estas palabras que no devuelven
las manos de algodón los ojos de laurel los labios de
    olivos.
Yo no sé qué hacer con el resto de las cosas que
    siguen al derrumbe,

no sé qué hacer ahora con tu nombre,
no sé qué hacer ahora con tu amor.

crecí pensando que mi abuela era inmortal

XL

LAS perras están hambrientas,
ladran y se muerden las orejas unas a otras.
Clavan las uñas en el estiércol,
buscan un trozo de carne, un pedazo de fruta,
un sorbo de agua.
Vienen aullando la nana del naranjo,
en la boca traen geranios, del cuello les cuelgan
cestas de frutos amargos.
Las perras están hambrientas, pero conocen el amor
y el pacto silencioso entre la mano que cuida y
      la que alimenta.
Esperan, pacientes, olfatean la ropa tendida
      desde hace tres días,
escuchan el silencio que expulsan las paredes.
Las perras son otras hijas a las que parir y proteger.
Las perras están hambrientas.
Resoplan, se acurrucan. Dormitan bajo el techo
en descomposición.
Mañana alguien tendrá que traerles
el almuerzo.

XLI

PRAESTA, quæsumus, omnipotens
dejamos de existir
Deus: ut anima famuli tui,
en el preciso momento
quæ hodie de hoc
del cierre del ataúd.
Sæculo migravit, his sacrificiis
No antes, cuando el cuerpo expuesto
Purgata, et, a pecctis expedita,
muestra sus pecados al mundo.
Indulgentiam pariter et requiem
Es en ese instante cuando ya no queda
Capiat sempiternam. Per Dominum
más remedio que empezar a creer
Nostrum.
en la vida eterna.
Amen.

XLII

DOBLO el recuerdo,
la tela rosa que precede al desengaño,
este vestido con hilos bailando sobre el techo en
    derrumbe,
derrumbarse es abrir una puerta hacia otro lado.
el pájaro ha criado en la ventana,
las crías se han muerto de sed
porque no hay ninguna mano que reconozca el
    tacto del agua.
doblo el recuerdo,
la tela rosa que precede al desengaño.
Dios ha dejado de llover sobre esta casa.

XLIII

I

EL olor a romero,
la hierbabuena enredándose en las manos de algodón.
El perro guardián busca el calor bajo la mesa camilla.

II

Un trozo de cebolla,
el recuerdo rebosante en el caldo de verduras,
el frasquito de sal donde depositan la congoja.

III

La naranja de aquel árbol,
un limón exprimido, ácido que lame la carne viva,
abrir una puerta hacia la infancia.

XLIV

Yo también me dormía
con besos de mi madre cariñosa...

MERCEDES DE VELILLA

DEJA la luz encendida
en esta noche en derrumbe,
para que mi abuela encuentre el camino
hacia la cama de mi madre,
y calme con sus besos
la feroz soledad
que se le ha quedado atravesada
en algún lugar del corazón.

XLV

CON este cuerpo tan frágil, Dios, nos empujaste
al mundo.
Ahora, en la Muerte, venimos a pedirte cuentas.

XLVI

¡Basta! ¡Basta!
¿Hasta cuándo el permanente llanto?
¿Hasta cuándo las canciones fúnebres?

Inma Roma

YA está. Se acabó. Las niñas se han dormido
y el poema se ha quedado en silencio.
Por fin podemos hablar de lo que queramos.

XLVII

AMO las paredes de este hogar,
y el delantal colgado, por última vez,
sobre la silla de la cocina.
Amo las sábanas, el olor
a huérfanas que desprenden,
y el silencio casi perceptible
de los insectos.
Amo a todas las mujeres
que somos,
a la estirpe generosa que expandirá
las semillas de este techo,
y volverán a tejer, de nuevo,
los geranios descosíos.

ÍNDICE

ADONÁIS
COLECCIÓN DE POESÍA

———

Director: CARMELO GUILLÉN ACOSTA

ÚLTIMOS VOLÚMENES PUBLICADOS:

———

Las obras que han obtenido el Premio «Adonáis» aparecen numeradas en negrita.

ESTA PRIMERA EDICIÓN DE
«LOS GERANIOS DESCOSÍOS»,
DE ROCÍO ANGULO DORADO,
VOLUMEN 702 DE LA COLECCIÓN «ADONÁIS»,
PUBLICADA POR EDICIONES RIALP, S.A.,
MANUEL URIBE 13-15, MADRID,
SE ACABÓ DE IMPRIMIR EN ESTUGRAF S. L.,
CIEMPOZUELOS (MADRID)
EL DÍA 26 DE ENERO DE 2026.